KEILRAHMEN - COLLAGEN

Mario Kern

BLÄTTER-ARRANGEMENT

Material (Abb. Seite 1)

- Keilrahmen, 40 x 50 cm, 3,8 cm tief
- feste Pappe oder Graupappe: 20 x 20 cm, 30 x 30 cm
- Acrylfarben: brombeere, schwarz
- Maulbeerbaumpapier: weiß, lila
- 3 lila Skelettblätter
- 4 kristallfarbene Glasschliffperlen, Ø 12 mm
- silberner Bouillon- oder Effektdraht
- 3 blaue Gerberablüten
- Holzleim
- Sprühkleber

Die brombeerfarbene Acrylfarbe mit etwas schwarzer Farbe dunkler mischen. Danach den Keilrahmen mit einem dicken Borstenpinsel der Größe 14-16 mit waagerechten Pinselstrichen grundieren und trocknen lassen. Um eine gleichmäßige Grundierung zu erhalten, ggf. den Keilrahmen ein zweites Mal grundieren. Das größere Kartonstück auf das lilafarbene, den kleineren Karton auf das weiße Maulbeerbaumpapier legen und die Umrisse mit einem Bleistift nachzeichnen. Das Papier ringsum 2 cm größer als den Karton zuschneiden. Jeweils eine Kartonseite mit Holzleim einstreichen, das Papier mittig aufkleben und leicht andrücken. Den überstehenden Papierrand nach hinten umschlagen und auf der nichtbezogenen Kartonseite festkleben. Nach dem Trocknen des Klebers das lilafarbene Kartonstücke 4 cm vom oberen Keilrahmenrand mittig mit Holzleim aufkleben.

Die Skelettblätter auf einer Seite dünn mit Sprühkleber einsprühen, auf dem weißen Karton laut Abbildung anordnen und trocknen lassen. Danach den Bouillondraht leicht aufziehen und um den Karton wickeln. Dabei den Anfangsdraht auf der Rückseite mit einem Klebestreifen fixieren. Nun 8 - 10 mal den Draht um den Karton wickeln. Bei der letzten Drahtreihe die vier Glasperlen mit auffädeln (siehe Skizze auf dem Vorlagenbogen) und den Draht auf der Rückseite mit einem Klebestreifen fixieren. Den weißen Karton nun mittig aufkleben. Als zusätzlichen Blickfang drei Gerberablüten mit Heißkleber anbringen.

Impressum:

© 2006 Bücherzauber Verlag GmbH, 41540 Dormagen

ISBN: 3-86545-110-1 Best.-Nr.: 51101

Fotos: Agata Franica
Styling: Angelika Nowotny, Agata Franica
Grafik/Zeichnungen: Daria Broda
Layout/Satz/Bildbearbeitung: Andrea Splietker, Köln
Druck: asmuth, Köln ▪ www.asmuth-koeln.de

1. Auflage 2006

VORWORT

Dekorative Wandgestaltungen haben in der heutigen Wohnkultur einen sehr hohen Stellenwert und sind zugleich Ausdruck für Geschmack und Individualität - dies erst recht, wenn sie selbst hergestellt worden sind.

Mit wenigen Materialien, einem Keilrahmen, verschiedene Acrylfarben, Pinsel und etwas Dekorationsmaterial entstehen schöne Kunstwerke.

Mit genauen Anleitungen und Vorlagen in Originalgröße müssen Sie kein Künstler sein um diese dekorativen Bilder gestalten zu können. Oder greifen Sie die Bilder und Ideen als Anregungen auf um selbst künstlerisch tätig zu werden.

Probieren Sie es am besten gleich aus, es findet sich für fast jeden Geschmack etwas.

Viel Freude und Spaß beim Malen und Gestalten

wünscht Ihnen

Mario Kern

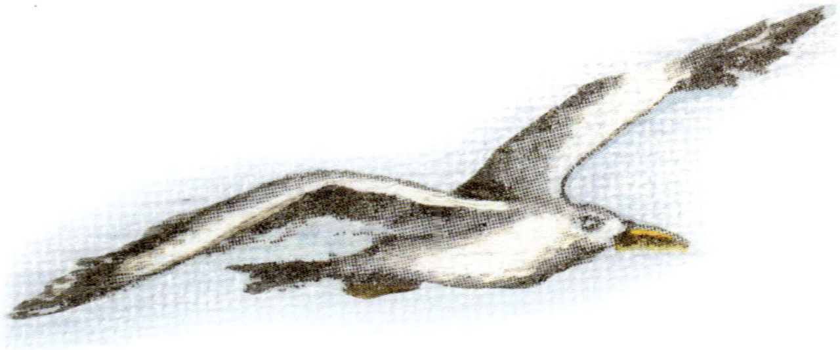

MATERIAL & WERKZEUG

Transparentpapier

Bleistift

Radierer

Lineal

Klebefilm

Außerdem:

- Pauspapier (nur weiß oder gelb)
- Wasserglas, Küchentücher
- Malpalette z.B. alter Teller
- Palettenmesser, Struktur- Spachtel

Schere

Cutter

feine und grobe Schwämme

Borsten- Pinsel, flach und rund,
No. 2,6-10 und 14-20

Rotmarder-
Haarpinsel No. 1-3

MATERIALKUNDE

Keilrahmen gibt es in unterschiedlichen Größen und Formen. In den Materiallisten handelt es sich immer um fertige, leinwandbespannte und grundierte Rahmen. Wenn keine Angabe vorhanden, reicht eine Rahmenstärke von ca. 2 cm aus. Wenn Sie Ihre fertigen Bilder nicht rahmen möchten, verwenden Sie am besten Keilrahmen deren Leinwand auf der Rückseite befestigt bzw. getackert ist.

Acrylfarben bietet der Fachhandel in großer Auswahl an. Die Farben sind wasserverdünnbar, gut deckend und untereinander mischbar. Die Trocknungszeit liegt je nach verwendeter Sorte zwischen wenigen Minuten und einer halben Stunde. Es gibt große Qualitäts- und Preisunterschiede bei den einzelnen Farbfabrikaten. Der Preis sagt oft auch etwas über die Deck- und Leuchtkraft sowie die Qualität aus. Die in den Materiallisten aufgeführten Farbtöne sind nur ein Anhaltspunkt, da die einzelnen Hersteller ihre Farben oft unter ähnlichen Farbbezeichnungen mit verschiedene Farbnuancen anbieten. Am besten die Farben selber mischen bis sie Ihnen gefallen. Die Farben zum Malen und Mischen auf eine Palette oder einen Teller geben.

Pinsel, Spachtel und Schwämme: Für die Hintergrundgestaltung und gleichmäßige, streifenfreie Farbaufträge eignen sich Pinsel mit weichem Haar. Für dickschichtige Farbaufträge, große Farbflächen und Auftragen von Strukturpasten sollte man Schweinsborstenpinsel mit widerstandsfähigem Haar verwenden. Flachpinsel eignen sich besser zum Ausmalen von Flächen, Rundpinsel zum Auftupfen der Farbe und für die Ausarbeitung bei Farbschattierungen. Feine Rotmarder-Haarpinsel eignen sich für feine Linien und Ausarbeitungen. Die Pinsel nach dem Malen mit reichlich Wasser und einer milden Handseife reinigen. Bei der Nass- in Nassmalerei eignen sich zum Verwischen der Farbübergänge auch besonders gut Schwämme. Die Farben können nacheinander nass- n nass aufgetupft oder aufgewischt werden. Mit verschiedenen porigen Schwämmen werden unterschiedliche Strukturen erzielt. Zum Auftragen von Strukturpasten auf kleineren Flächen und zum plastischen Ausarbeiten Palettenmesser verwenden, bei größeren Flächen Spachtel, die in verschiedenen Breiten und Ausführungen auch als Strukturspachtel angeboten werden.

SO WIRD'S GEMACHT!

1. VORLAGEN ÜBERTRAGEN

Die Vorlagen zuerst auf Transparentpapier übertragen. Dafür das Transparentpapier auf die Vorlage legen und das Motiv mit einem weichen Bleistift nachzeichnen. Anschließend die Rückseite der Zeichnung mit Bleistift nachfahren oder schraffieren. Das Papier wenden, auf den Keilrahmen legen und die Linien mit einem harten Bleistift unter leichtem Druck nachziehen. Bei dunklen Untergründen ein weißes oder gelbes Pauspapier mit der beschichteten Seite auf dem Keilrahmen fixieren, das Transparentpapier darüber legen und die Linien nachzeichnen. Wenn das ausgewählte Motiv viele Feinheiten aufweist, zuerst den Hintergrund farbig anlegen, danach erst das Motiv auf die Leinwand mit Bleistift oder Pauspapier übertragen. Hierbei nur weißes oder gelbes Kreide-Pauspapier verwenden, da schwarzes Kohlepapier sich schlecht übermalen lässt.

2. KEILRAHMEN SPANNEN

Vor dem Bemalen zuerst den Keilrahmen spannen. Dazu die mitgelieferten Keile in die Eckschlitze auf der Rahmenrückseite einsetzen und leicht einklopfen. Ist das Bild fertig gemalt, nach dem Trocknen die Keile nochmals nachdrücken. Zum Aufhängen auf der Rückseite Bilder- Ösen anbringen.

3. GESTALTEN MIT STRUKTURPASTEN

Die Strukturpaste mit einem Spachtel oder großem Pinsel, bei kleineren Flächen mit einem Palettenmesser auf die gewünschte Fläche z.B. vollflächig als Hintergrund oder nur stellenweise auf Pappteile wie Vasen auftragen. Die Strukturpaste gleichmäßig verteilen, ggf. Strukturen mit einem speziellen Zahnspachtel einziehen und gut trocknen lassen. Die Strukturfarben können nach Wunsch vor dem Auftrag auch mit Acrylfarben eingefärbt werden. Dazu die Paste 1:1 mit dem ausgewählten Acrylfarbton mischen.

4. Hintergrundgestaltung mit Acrylfarben

Zur Grundierung größerer Farbflächen genügend Farbe auf einen Teller geben und mischen, dabei lieber etwas mehr Farbe anmischen. Nun mit einem Borstenpinsel den Keilrahmen mit waagerechten Pinselstrichen zügig einfärben, evtl. ein weiteres Mal überstreichen, damit eine gleichmäßige Farbfläche entsteht. Die Farbe gleichzeitig um die Seiten des Keilrahmens herummalen, damit die Keilrahmenränder dieselbe Farbe wie der Bildhintergrund erhalten. Anschließend die Farbe gut trocknen lassen.

Möchten Sie Hintergründe mit fließenden Farbübergängen anlegen, z. B. eine Landschaft mit Himmel, dann die Leinwand zuerst mit weißer Acrylfarbe grundieren und trocknen lassen. Nun mit einem Schwamm und die stark mit Wasser verdünnte Farbe aufwischen oder auftupfen. Immer zuerst von hell nach dunkel die Farbe auftragen. Für fließende Übergänge müssen die Farben immer feucht sein. Für Schattierungen nur wenig Farbe mit einem Borstenpinsel oder einem Schwamm aufnehmen und so lange auf einer alten Zeitung abstreifen bis fast keine Farbe mehr vorhanden ist. Dann erst leicht mit dem Pinsel oder Schwamm über Ränder oder andere Bildpartien wischen, um einen Hauch an Farbe aufzutragen.

FLORALES

HYAZINTHENBILD:

Material
- Keilrahmen, 40 x 40 cm
- feste Pappe, 20 x 20 cm
- farbloses Wachs
- Acrylfarben: weiß, lavendel, granatrot, brombeere, schwarz
- Hyazinthen-Seidenblume
- 1 m Buchsbaumranke
- 5 kristallfarbene Glasschliffperlen, Ø 10 mm
- 8 kristallfarbene Glasschliffperlen, Ø 6 mm
- Messingdraht, Ø 0,3 mm
- grüner Steckdraht

RANUNKELBILD:

Material
- Keilrahmen, 40 x 40 cm
- feste Pappe, 20 x 20 cm
- farbloses Wachs
- Acrylfarben: weiß, lavendel, preussischblau, granatrot, schwarz
- Ranunkelblütenkopf, Ø 9 - 10 cm
- 3 elfenbeinfarbene Wachsperlen, Ø 10 mm
- 5 hellgrüne Kunststoffperlen
- Messingdraht
- kleines Rebenkränzchen, Ø 15 - 18 cm
- grüner Steckdraht

Aus fester Pappe je ein Kartonstücke von 20 x 20 cm Größe zuschneiden. Beim Hyazinthenbild den Keilrahmen mit lavendelfarbener Acrylfarbe grundieren, trocknen lassen und danach mit einem feinen Schwamm weiße Farbe auftupfen. Für das Kartonstück brombeerfarbene und granatrote Farbe mischen, den Karton bemalen und in die noch nasse Farbe schwarze Schlieren mit einem Schwamm aufwischen. Nach dem Trocknen farbloses Kerzenwachs in einer Blechdose im heißen Wasserbad schmelzen. Mit einem alten Borstenpinsel das flüssige Wachs zügig an den Kartonrändern mit kurzen waagerechten Pinselstrichen auftragen.

Aus der Buchsbaumranke ein Kränzchen mit einem Durchmesser von 11 cm wickeln, mit Messingdraht umwickeln und dabei die Glasperlen mit auffädeln. Das Kränzchen auf den Karton legen, mit einer dicken Stopfnadel Löcher seitlich vom Kranz durch den Karton stechen. Den Draht zum Festbinden von vorne durch den Kranz stecken und auf der Bildrückseite verdrillen. Das Kartonstück mittig mit Heißkleber auf dem Keilrahmen festkleben. Zum Schluss die Blume auf das Kränzchen legen und wie zuvor beim Kranz mit Draht befestigen. Am Stielende eine Perle ankleben. Für den zweiten Rahmen Lavendel und Preussischblau mischen, für das Kartonstück granatrote Farbe verwenden und schwarze Schlieren einziehen. In derselben Arbeitsweise wie zuvor beschrieben, auf den Keilrahmen noch weiße Farbe auftupfen und auf den Karton Wachs auftragen. Das Rebenkränzchen mit Draht umwickeln, dabei die Perlen mit aufbinden. Das Kränzchen auf dem Karton festbinden und die Ranunkelblüte mit Heißkleber in der Kranzmitte platzieren.

NATUR PUR

Material
- 2 Keilrahmen, 30 x 30 cm
- Moonrock-Papier: orange, grün, weiß
- Acrylfarben: sahara, beige, olivgrün hell, artischocke, brombeere
- goldene Folkart Papierfarbe
- Holzleim

Die beige und sahara Acrylfarbe miteinander mischen, etwas mit Wasser verdünnen und nacheinander die beiden Keilrahmen damit lasierend grundieren. Beim Grundieren die Rahmenränder mitstreichen. Die Farbe leicht antrocknen lassen. Danach mit einem breiten Borstenpinsel der Größe 14 - 16 einen breiten Rand ringsum mit olivgrüner Farbe, beim zweiten Rahmen mit brombeerfarbener Acrylfarbe aufmalen. Dabei sollte die Farbe noch etwas feucht sein, damit der lasierende Charakter erhalten bleibt. Nun die Farbe gut trocknen lassen. Beim grünen Rahmen anschließend etwas artischockefarbene, beim zweiten Rahmen etwas brombeerfarbene Acrylfarbe auf einen Schwamm geben und sparsam als Schattierung auf die Rahmenränder aufwischen. Die Farbe trocknen lassen, danach als Abschlussschattierung noch etwas goldene Farbe auf den Rahmen aufwischen. Das grüne sowie orangefarbene Moonrock- Papier auf eine Größe von ca. 20 x 20 cm und das weiße Papier auf ca. 16 x 16 cm zuschneiden und die Ränder ringsum fransig ausreißen. Nun kleben Sie das grüne und orangefarbene Papier, mit der glatten Strukturseite nach oben zeigend, mit Holzleim mittig auf dem Keilrahmen platziert auf. Anschließend das weiße Papier mit der groben Struktur nach oben zeigend aufkleben. Nach Vorlage die Blätter ausschneiden und aufkleben. Zum Schluss malen Sie mit der goldenen Papierfarbe die Blattstrukturen auf.

MK 2006
MK 2006

AMORE

Material

- Keilrahmen, 60 x 70 cm, 3 cm tief
- Acrylfarben: weiß, dunkelgelb, orange, zinnoberrot, schwarz
- goldene Nitrofarbe
- feiner Sand
- ca. 40 - 50 Rosenköpfe, gelborange, Ø 6 -7 cm
- 4 m grüne Myhrtenranke
- Heißklebepistole
- dicke Stopfnadel, grüner Nähfaden

In die weiße Acrylfarbe etwas feinen Sand geben und das Ganze gut vermischen. Die Farbmischung mit einem dicken Borstenpinsel der Größe 20 auf den Keilrahmen auftragen und trocknen lassen.

Anschließend den Keilrahmen mit gelber und oranger Acrylfarbe grundieren und trocknen lassen. Nun mit dem Borstenpinsel am oberen linken Keilrahmenrand gelbe, am rechten unteren Rand zinnoberrote und etwas schwarze Acrylfarbe als Schattierung aufwischen. Mit einem dünneren Borstenpinsel der Größe 8 und mit wasserverdünnter schwarzer Farbe die beiden Streifen jeweils ca. 6 cm vom Rand entfernt senkrecht und waagerecht laut Abbildung aufmalen. Das Herz vom Vorlagenbogen auf Transparentpapier pausen (siehe dazu Seite 6) und ausschneiden. Die Papiersschablone ca. 22 cm vom oberen Rand mittig auf den Keilrahmen auflegen und die Umrisse mit dem Bleistift nachfahren.

Die einzelnen Rosenköpfe mit Heißkleber nacheinander dicht an dicht in die Herzform kleben. Die Myhrtenranke dreimal als Einfassung um das Herz legen, die einzelnen Ranken ineinander leicht verdrillen. Um Klebeflecken zu vermeiden, mit einer dicken Stopfnadel und grünem Nähfaden die Ranken an einigen Stellen auf der Leinwand festnähen. Die restliche Ranke zwischen den Rosenköpfen durchschlingen und an einigen Stellen festkleben. Danach mit einem feinen Pinsel, zuerst mit schwarzer und nach dem Trocknen mit weißer Farbe das Herz umranden. Zum Schluss den Schriftzug aufpausen, zuerst mit schwarzer Farbe aufmalen und trocknen lassen. Mit einem feinen Haarpinsel die Buchstaben mit weißer und gelber Farbe teilweise umranden.

AMORE

TOSKANA- LANDSCHAFT

Material

- Keilrahmen, 50 x 70 cm
- bespannter Malkarton, 30 x 30 cm
- feste Pappe
- feine Strukturpaste
- Acrylfarben: weiß, beige, sahara, orange, granatrot, ultramarin, mintgrün, olivgrün hell, artischocke, rotbraun, dunkelbraun, schwarz
- Aststückchen, 5-7 mm lang, hellgrünes Islandmoos
- Holzleim

Die Malkartonrückseite mit Holzleim flächig einstreichen und 10 cm vom oberen Keilrahmenrand mittig aufkleben. Die Häuser, Bäume und die Hügelkette vom Vorlagenbogen auf Transparentpapier übertragen und grob ausschneiden. Nun die Vorlagen mit Klebestreifen auf der Pappe fixieren, mit einem festen Bleistift die Motive nachfahren und auf den Karton durchdrücken. Mit einem Cutter die Motive ausschneiden, mit Holzleim auf dem Malkarton anordnen und aufkleben. Mit einem Spachtel die Strukturpaste dünn auf der Keilrahmenfläche und den Rändern aufbringen. Die Paste bis an den Rand des Malkartons auftragen, die Malkartonfläche frei lassen. Mit einem Palettenmesser die Strukturpaste dünn auf die Häuser, Bäume sowie die Hügelkette auftragen und trocknen lassen. Mit weißer Acrylfarbe den gesamten Keilrahmen grundieren und trocknen lassen. Für den Himmel eine Farbmischung aus Weiß und Ultramarin mit waagerechten Pinselstrichen auf dem Malkarton malen. Nach dem Trocknen einzelne Wölkchen mit einem Schwamm und etwas weißer Farbe auftupfen. Für die Hügelketten Olivgrün und Artischocke mischen und aufmalen. Dann mintgrüne Farbe auf einen Schwamm geben und die hintere Hügelkette damit betupfen.

Die Hausdächer mit Orange kolorieren und in die noch nasse Farbe Zinnoberrot einziehen. Die Hausfassaden weiß grundieren und mit Sahara schattieren. Die Fenster mit einer Mischung aus schwarzer sowie dunkelbrauner Farbe aufmalen und die Hausdächer sowie Fassadenkanten damit schattieren. Die Bäume mit Artischocke und Dunkelbraun ausmalen. Etwas Olivgrün und Ocker auf einen Borstenpinsel geben und damit die vordere Hügelkette und die Bäume aufhellen. Den großen vorderen Hügel in verschiedenen Farbnuancen aus Orange, Granatrot und Rotbraun malen, dabei nach unten rechts immer heller werden. Um weichere Übergänge zu erzielen, einen Schwamm mit etwas Wasser anfeuchten und die Farben damit leicht ineinander verwischen. Nach dem Trocknen der Farben die restliche Keilrahmenfläche einfärben. Den Keilrahmen und die Seiten mit einer Mischung aus Sahara und Beige grundieren, trocknen lassen und mit einem Schwamm von den Rändern aus nach innen verlaufend zuerst mit Sahara, danach mit etwas Granatrot und Rotbraun die Ränder schattieren. In die Freifläche zwischen den Häusern kurze Aststückchen als Holzstapel einkleben und einzelne Moosbüschel auf der vorderen Hügelkette ankleben.

SÜDLICHES FLAIR

Material

- 2 Keilrahmen, 20 x 50 cm
- Graupappe, 1,5 mm stark
- feine Strukturpaste
- Holzleim
- Perlglanzfarbe
- Acrylfarben für „Krug mit Zitronen“: weiß, beige, gelb, dunkelgelb, orange, zinnoberrot, ocker, rotbraun, dunkelbraun, laubgrün, artischocke, schwarz
- Acrylfarben für „Flasche mit Birnen“: weiß, gelb, preussischblau, olivgrün hell, laubgrün, artischocke, dunkelbraun, schwarz

Die Motive auf Transparentpapier übertragen und grob ausschneiden. Danach die Vorlagen auf die Graupappe pausen, ausschneiden und mit Holzleim auf den Keilrahmen kleben. Mit einem Spachtel Strukturpaste gleichmäßig dünn auf die Keilrahmen sowie Ränder auftragen und gut trocknen lassen. Anschließend alles mit weißer Farbe grundieren. Beim Bild „Krug und Zitronen“ für die 2.Farbschicht Orange und Dunkelgelb mit einem dickeren Borstenpinsel auftragen, dabei die Zitronenflächen aussparen. Nach dem Trocknen mit zinnoberroter und rotbrauner Farbe den Keilrahmen schattieren, dabei die linke Bildseite heller gestalten. Zum Bemalen der Pappteile einen Borstenpinsel der Größe 8 - 10 verwenden. Den Krug mit einer Farbmischung aus Rotbraun und Ocker bemalen und mit Beige sowie etwas Dunkelbraun schattieren. Die Zitronen mit einer Mischung aus Gelb und Beige kolorieren und mit etwas Rotbraun sowie Dunkelbraun schattieren. Die Blätter mit Laubgrün und Artischocke bemalen. Den Stiel und die Blattadern mit Dunkelbraun aufmalen.

Beim 2.Bild auf die weiße Grundierung gelbe Farbe aufbringen. Danach mit Laubgrün und Olivgrün schattieren, die Ränder zusätzlich mit Artischocke abdunkeln. Nach dem Trocknen die kleinere Flasche mit Preussischblau und die zweite mit Artischocke bemalen. Zum Aufhellen etwas Olivgrün und Weiß auf einen Schwamm geben und die Flaschen damit schattieren. Die Flaschenetiketten mit Olivgrün und Preussischblau aufmalen und jeweils mit Weiß aufhellen. Mit einer Mischung aus Dunkelbraun und Schwarz die Flaschenkonturen und Etiketten plastischer hervorheben. Die Birne zuerst mit gelber Farbe bemalen, danach etwas Beige auf einen Schwamm geben und diese damit aufhellen. Mit etwas Olivgrün die Birne schattieren, den Stiel und die Birnenkontur dunkelbraun gestalten. Mit einem weichen Schwamm sparsam Perlglanzfarbe auf den Gefäßen, Früchten und stellenweise auf dem Hintergrund aufwischen.

STILVOLL ARRANGIERT

Material

- Keilrahmen, 50 x 60 cm
- 3 Pappelemente, 7,5 x 7,5 cm
- Pappelemente „Vase“, 20 und 25 cm hoch
- naturfarbene Wellpappe, 3 Stück von 10 x 10 cm
- Acrylfarben: weiß, beige, sahara, granatrot, olivgrün hell, rotbraun, terrakotta, dunkelbraun, schwarz
- feine Strukturpaste
- 4 Sonnenblumen mit Knospen, Blüten Ø 5 - 8 cm
- Holzleim, Heißklebepistole
- Nähnadel, olivgrünes Nähgarn

Zuerst die Begrenzungslinien der einzelnen Felder mit Bleistift auf dem Keilrahmen vorzeichnen. Nun 13 cm vom rechten Rand entfernt einen Streifen senkrecht und einen von 15 cm Höhe quer mit Kreppband abkleben. Beginnend weiße und beige Farbe mit einem Borstenpinsel der Größe 14 mit kurzen, unregelmäßigen Pinselstrichen auftupfen. Zur dunkleren Seite hin Sahara mit einfließen lassen, für einen weicheren Übergang mit einem angefeuchteten Schwamm die Farben etwas ineinander verwischen. Das Kreppband zur Bodenfläche hin entfernen und mit einer Farbmischung aus Rotbraun und Granatrot mit waagerechten Pinselstrichen bemalen. Mit weißer und rotbraungemischter Farbe den unteren linken Teil aufhellen. Nach dem Trocknen das zweite Kreppband entfernen und den Längsstreifen mit einer Mischung aus Olivgrün und etwas Rotbraun aufmalen. Zum hellen Hintergrund hin mit einem dünnen rotbraunen Streifen absetzen.

Die Vasen und Quadrate dünn mit Strukturpaste bestreichen. Bei den Vasen auf einer Hälfte etwas mehr Paste auftupfen. Nach dem Trocknen die große Vase sowie die Quadrate mit Granatrot, danach mit Rotbraun bemalen und mit Dunkelbraun sowie Schwarz schattieren. Bei der Vase den hellen Schatten noch mit einer Mischung aus Beige und Granatrot aufwischen. Die 2. Vase mit Terrakotta und Rotbraun grundieren, die Schattierung mit Dunkelbraun und etwas Granatrot aufwischen. Den hellen Schatten mit etwas Beige aufbringen. Etwas dunkelbraune und schwarze Farbe auf einen Schwamm geben und die Vasenränder sowie Quadrate dunkler hervorheben.

Aus Wellpappe drei Quadrate von 10 x 10 cm zuschneiden und auf dem grünen Streifen gleichmäßig verteilt mit Holzleim aufkleben. Danach die Pappquadrate fixieren. Nun die Vasen auf dem Keilrahmen anordnen. Zuerst die große Vase mit Holzleim aufkleben, danach die 2. Vase leicht darüber angeordnet platzieren. Mit einem Stück Karton die hochliegende Seite unterlegen. Die Sonnenblumen anordnen, die Stiele entsprechend kürzen und die Blumen mit einem Nähfaden auf dem Keilrahmen befestigen. Drei Knospen auf die Quadrate setzen und eine an die Vase kleben.

MK

ROT-GOLDENE KOMPOSITION

Material

- Keilrahmen, 40 x 80 cm
- Pappelemente, 7 x 7 cm und 3 Stücke á 5 x 5 cm
- naturfarbene Wellpappe
- Acrylfarben: beige, gelb, granatrot, ocker, rotbraun, dunkelbraun, schwarz
- feine Strukturpaste
- Blattgold und Haftmittel
- 3 rosa Callablüten
- Nähnadel, oliver Nähfaden
- Holzleim

Zunächst den Keilrahmen mit weißer Acrylfarbe grundieren und trocknen lassen. Danach für die untere Bodenfläche mit einem Bleistift auf 8 cm Höhe einen waagerechten Strich ziehen. Nach Vorlage die beiden Vasen auf die Pappe übertragen und ausschneiden (siehe auch Seite 6). Mit einem groben Borstenpinsel ganz dünn die Vasenflächen und Ränder mit Strukturpaste betupfen und trocknen lassen. Aus Wellpappe für die Bodenfläche einen Streifen von 8 x 40 cm zuschneiden. Die beiden Seitenstreifen entweder nach Vorlage ausschneiden oder frei aus der Wellpappe ausreißen. Als Hintergrundfarbe mit einem feuchten Schwamm Gelb und Ocker auftupfen. Zusätzlich die obere und untere rechte Ecke verstärkt mit Granatrot und etwas dunkelbrauner Farbe schattieren, dabei die granatrote Farbe quer an der Begrenzungslinie entlang ins Bild auslaufen lassen.

Die Pappquadrate zuerst mit granatroter Farbe bestreichen, danach die Ränder mit dunkelbrauner und schwarzer Farbe schattieren. Die große Vase zuerst mit Granatrot kolorieren und dann mit einem Schwamm dunkelbraune Farbe aufwischen. Die kleine Vase mit Beige und Weiß bemalen, danach Sahara und etwas Rotbraun aufwischen. Nach dem Trocknen die Vasenränder und Öffnungen mit dunkelbrauner Farbe plastischer hervorheben.

Nun den Wellpappestreifen mit Holzleim als Bodenfläche aufkleben. Danach ordnen Sie die Vasen an und nähen die Blumen fest. Die seitlichen Wellpappestreifen und Quadrate aufkleben. Laut Vorlage aus Karton die Schablonenmotive mit dem Cutter ausschneiden und auf den Quadraten platzieren. Die Schablonen mit einem speziellen Kleber für Blattgold austupfen. Zusätzlich mit einem breiteren Pinsel die restlichen Wellpapierstücke mit Kleber bestreichen und trocknen lassen. Dann das Blattgold auf die mit Kleber benetzten Flächen auflegen und mit einem Pinsel anreiben. Überschüssiges Blattgold lässt sich mit einem weichen Tuch oder Pinsel entfernen.

TIPP: Die Vasen lassen sich auch leicht umdekorieren- einfach den Nähfaden entfernen und je nach Jahreszeit mit Weihnachtssternen, Rosen oder mit Herbstzweigen füllen.

MEDITERRANE LANDSCHAFT

Material

- Keilrahmen, 50 x 70 cm
- unkaschierte Leichtstoffplatte, 3 mm (alternativ Graupappe, 1,5 mm)
- Acrylfarben: weiß, beige, dunkelgelb, orange, zinnoberrot, klassikrot, ultramarinblau, olivgrün hell, artischocke, laubgrün, rotbraun, dunkelbraun, schwarz
- feine Strukturpaste
- doppelseitiges Klebeband, 6 mm breit
- Abstandsklebeband, 12 mm breit

Die Motive vom Vorlagenbogen zuerst auf Transparentpapier übertragen und grob ausschneiden. Danach die ausgeschnittenen Vorlagen mit Klebestreifen auf der Leichtstoffplatte fixieren, bei Graupappe zwischen Vorlage und Pappe ein Pauspapier dazwischenlegen. Mit einem harten Bleistift die Motive auf den Untergrund durchdrücken. Danach die aufgepausten Motive mit einem Cutter ausschneiden. Die Leichtstoffplatte lässt sich noch nachbearbeiten. Mit einem Schaschlikstäbchen können noch Details wie Fenster, Blütenstempel oder Dachschindeln eingeritzt werden, die Schnittkanten lassen sich mit den Fingerspitzen abrunden. Mit einem dünnen Borstenpinsel Strukturpaste auf den Hausdächern, Bäumen sowie den Büschen auftragen und gut trocknen lassen. Mit waagerechten Pinselstrichen mit einer Mischung aus Weiß und Ultramarin den Himmel aufmalen. Die Hügellandschaft mit dunkelgelber und oranger Farbe anlegen. Auf der noch nassen Farbe die Hügelkämme mit rotbrauner Farbe aufmalen, für einen weicheren Übergang die Farbe mit einem Schwamm etwas verwischen.

Die Wiese mit Oliv- und Laubgrün anlegen, dabei einzelne Grasflächen mit Dunkelgelb schattieren. Nach dem Trocknen etwas beige Farbe auf einen Schwamm geben und den Weg aufwischen. Die Hausdächer zuerst Orange, dann Zinnoberrot anlegen. Die Fassaden Weiß grundieren und mit Sahara schattieren. Die Fenster mit einer Farbmischung aus Dunkelbraun und Schwarz bemalen. Zusätzlich die Dächer und Hauskanten dunkelbraun hervorheben. Die Bäume und Büsche zuerst mit Artischocke und Dunkelbraun bemalen. Danach mit einem Schwamm Olivgrün, Dunkelgelb und etwas Weiß zum Aufhellen auftupfen. Dabei die kleineren Bäumchen und Büsche nur wenig aufhellen. Die Mohnblumen mit Rot bemalen und mit etwas Orange aufhellen. Mit schwarzer Farbe die einzelnen Blütenblätter hervorheben und die Blütenstempel aufmalen. Zum Schluss die ausgeschnittenen Motive mit unterschiedlich dickem Abstandsklebeband auf dem Keilrahmen anordnen.

VASEN – ARRANGEMENT

Material
- Keilrahmen, 50 x 50 cm, 3 cm tief
- Acrylfarben: weiß, beige, dunkelgelb, orange, granatrot, indischtürkis, olivgrün hell, terrakotta, dunkelbraun, schwarz
- goldene Strukturpaste
- Fächerpinsel
- Mullberry Papier: weiß, gelb, orange, rot, türkis, taubenblau, grün
- Holzleim

Den Keilrahmen mit weißer Farbe grundieren und trocknen lassen. Zuerst beige Farbe auf einen Schwamm geben, einzelne Flecken auftupfen und leicht verwischen. Danach Dunkelgelb, Orange, Türkis und Granatrot in zarten Farbverläufen aufbringen. Um keine zu starken Farbkontraste zu erhalten, die einzelnen Farbflecken mit weißer oder beiger Farbe leicht abdecken. Die Farbe trocknen lassen, mit Terrakotta sowie Dunkelbraun die Tischkante aufmalen und die Ecken vom Keilrahmen stellenweise schattieren. Die Motive vom Vorlagenbogen zuerst auf Transparentpapier übertragen und grob ausschneiden. Mit Klebestreifen die Papiermotive auf den entsprechenden Papieren fixieren und diese mit einer Schere ausschneiden.

Die Vasen mit Holzleim aufkleben, dabei die Rückseite des Papiers sparsam mit Leim einstreichen. Nun das Obst und die Blumen anordnen und aufkleben. Die Blumenstiele auf die Leinwand pausen und mit schwarzer verdünnter Farbe aufmalen. Die Papiermotive können noch mit Farbe hervorgehoben werden. Dazu die entsprechende Farbe auf einen Schwamm geben und sparsam auf die Vasen und Früchte auftupfen. Mit schwarzer wasserverdünnter Farbe und einem feinen Haarpinsel die Motivumrisse plastisch hervorheben.

Zum Abschluss mit einem Fächerpinsel Sprenkelungen mit verschiedenen dunkleren Farbtönen aufsetzen. Nach dem Trocknen stellenweise mit einem groben Schwamm goldene Strukturpaste als Glanzpunkte auf dem Keilrahmen verteilt aufsetzen.

FLOWER POWER

Material

- Keilrahmen, 50 x 50 cm, 3 cm tief
- Acrylfarben: weiß, magenta, ultramarin
- Formfilz oder Filzplatten, 2 mm stark: weiß, gelb, orange, rot, erika, hellgrün, grau
- schwarzer, wasserfester Filzstift
- Holzleim

Mithilfe eines dicken Borstenpinsels den Keilrahmen mit weißer Acrylfarbe grundieren und trocknen lassen. Mit Kreppband den Bodenstreifen waagerecht 8,5 cm breit abkleben. Danach die ultramarine Farbe mit Weiß aufhellen und den Hintergrund mit waagerechten Pinselstrichen aufmalen. Nach dem Trocknen den Kreppstreifen abziehen und die restliche Fläche mit Magenta bemalen.

Die Filzmotive nun vom Vorlagenbogen auf Transparentpapier übertragen und grob ausschneiden. Mit Klebestreifen oder Stecknadeln die Papiervorlagen auf den entsprechenden Filzstoffen fixieren und mit einer Schere exakt ausschneiden.

Mithilfe des Vorlagenbogens die Vasen, Blüten und Rechtecke auf dem Keilrahmen anordnen und nacheinander aufkleben. Zum Schluss mit einem wasserfesten Filzstift die Blütenstiele und restlichen Details aufmalen.

MK

SCHIFF AHOI!

Material
- Keilrahmen, 40 x 50 cm, 3,8 cm tief
- Acrylfarben: weiß, beige, sahara, blau, nachtblau, dunkelbraun, schwarz
- feine Strukturpaste
- feste Pappe
- Lampenschirmfolie, 20 x 15 cm
- 4 Schaschlikstäbe
- Fischernetz, 1 m lang
- feiner Sand
- Seesterne, Muscheln, Naturbast
- Serviettenmotiv: Möwe
- naturfarbener Nesselstoff, 20 x 20 cm
- blauer Nähfaden, Nähnadel
- Holzleim
- Tacker

Zu Beginn den Keilrahmen mit weißer Acrylfarbe grundieren und trocknen lassen. Danach Blau mit Weiß aufhellen und mit einem dicken Borstenpinsel in waagerechten Pinselstrichen den Himmel aufmalen. Der Himmel umfasst etwas mehr als die Hälfte des Keilrahmens. Das Wasser etwa 11 cm breit mit Blau aufmalen. In die noch nasse Farbe mit einem dicken Pinsel nachtblaue Schlieren einziehen. Den Strand mit Beige und Sahara anlegen. Nach dem Trocknen weiße Wellen aufs Wasser malen.

Das Fischernetz an beiden Enden verknoten. Am oberen rechten Rahmenrand beginnend das Netz mit dem Tacker am Keilrahmen befestigen. Laut Abbildung das Netz auf der linken Seite etwas ins Bild ziehen und seitlich bis zum Knoten nach unten festtackern. Die Möwe aus der Serviette ausschneiden, die weißen Papierlagen entfernen und mit Serviettenkleber am Himmel aufkleben. Den Strand stellenweise mit Holzleim bestreichen und losen Sand aufstreuen. Nach dem Trocknen den überschüssigen Sand entfernen und verschiedene Muscheln, Seesterne, kleine Steinchen und Naturbast ankleben.

Den Rumpf des Schiffes laut Vorlage aus Karton ausschneiden (siehe auch Seite 6). Nun den Stoff auf die Klebefolie aufziehen. Die Segel zuerst auf Transparentpapier übertragen, mit Klebestreifen auf dem Stoff fixieren und die Segel mit einer Schere ausschneiden. Den Rumpf dünn mit Strukturpaste bestreichen und trocknen lassen. Danach den Rumpf laut Abbildung bemalen und die Schaschlikstäbe braun grundieren. Mithilfe des Vorlagenbogens die Stäbe seitlich in den Kartonrand drücken und mit Holzleim fixieren. Dann die Segel mit einem blauen Faden an den Holzstäben festnähen. Zum Schluss die Stäbe passend kürzen und das Boot mit Holzleim auf den Keilrahmen kleben. Dekorativ noch kleine Muscheln und einen Seestern ins Netz kleben.

URLAUBSERINNERUNGEN

Material

- Keilrahmen, 45 x 90 cm
- Pappelemente, 4 Stück á12,5 x 12,5 cm
- Acrylfarben: weiß, sahara, indischtürkis, ultramarin, nachtblau, mintgrün
- große Muscheln und Seestern
- Heißklebepistole

Zuerst mit weißer Acrylfarbe den gesamten Keilrahmen grundieren und trocknen lassen. Anschließend mit Kreppband 11 cm unterhalb des oberen Randes zur Farbbegrenzung einen waagerechten Streifen abkleben. Einen zweiten Kreppbandstreifen 14 cm vom unteren Bildrand entfernt aufkleben. Mit Indischtürkis den oberen Leinwandbereich und mit Nachtblau den unteren Bereich bemalen.

Nach dem Trocknen der Farbe die beiden Klebestreifen abziehen. Den freigebliebenen mittleren Streifen mit Sahara und Weiß bemalen. Etwas nachtblaue Farbe auf einen Schwamm geben und den türkisfarbenen Streifen an den seitlichen Kanten leicht schattieren. Den nachtblauen Streifen mit einer Mischung aus Türkis und Weiß überstreichen. Mit einem groben Strukturspachtel in die noch nasse Farbe Wellen ziehen. Dabei von einer Seite beginnend den Spachtel wellenförmig ohne abzusetzen waagerecht zum anderen Ende durchziehen.

Die Pappquadrate indischtürkis bemalen, in die noch nasse Farbe bei zweien ultramarine Schlieren und bei den restlichen Quadraten mintfarbene Schlieren mit einem Pinsel einziehen. Nach dem Trocknen mit einem dünnen Borstenpinsel der Größe 6 ringsum einen schmalen nachtblauen Rand aufmalen. Den Keilrahmen, bis auf den türkisen Streifen, mit Papier oder Folie abdecken. Mit einem dicken Borstenpinsel etwas verdünnte nachtblaue Farbe aufnehmen, mit dem Zeigefinger mehrmals über die Borsten streifen und die Farbe auf den türkisen Streifen und die Pappquadrate aufsprenkeln. Anschließend die Farbe trocknen lassen.

Danach mit Heißkleber die Quadrate mit gleichmäßigen Abständen aufkleben. Zum Schluss die großen Muscheln und den Seestern aufkleben. Dazu die Öffnung der kleinen Schneckenmuscheln zuvor mit Papier füllen, danach lässt sich die Muschel problemlos aufkleben.

STRANDGUT

Material
- Tischlerplatte oder Sperrholz, 14 mm stark, 12,5 x 60 cm lang
- Acrylfarben: weiß, karminrot, orange, blau, nachtblau
- Krakelierlack
- Steckdrähte, 1,4 mm stark
- Fischernetzrest
- Plastikfische oder Krabben, Muscheln, Seesterne, Kieselstein, Fruchtscheibe

Zunächst die Aufhängung anbringen. Dazu aus dem dicken Steckdraht jeweils zwei kleine Draht-Ösen mit einer Zange biegen und mit einem Hammer einschlagen. Anschließend eine Holzplatte mit einer Mischung aus Orange und Karminrot grundieren, die zweite Platte mit Blau und Nachtblau. Nach dem Trocknen Krakelierlack auftragen. Dabei den Lack nur in einer Schicht und in eine Richtung streichen, sonst reißt er später nicht. Nach dem Trocknen an einigen Stellen zusätzlich noch etwas Holzleim auftragen. An diesen Stellen haftet später keine Farbe. Nun beide Platten mit weißer Farbe bestreichen. Ist die Farbe durchgetrocknet mit einem feinen Schleifpapier über die Platten schleifen. An den Holzleimstellen löst sich die Farbe und das Holz erhält seinen abgegriffenen Touch. Nun die Platten mit Seesternen, Muscheln, Netzstücken und einer Plastiklanguste bekleben. Den großen Kieselstein mit zwei dicken Drahtstücken umwickeln und einmal auf der Rückseite miteinander verdrillen. Mit der Bohrmaschine ein Loch vorbohren, die beiden Drähte durchstecken und auf der Plattenrückseite umbiegen. Zum Aufhängen einen Steckdraht um ein Rundholz wickeln, den Draht herunterziehen und in die Aufhänge-Ösen einhängen.